Date Due

L'écologie et vous

Titres parus :

Raymond Petit

Enquêtes
sur la nature

LES ÉDITIONS ÉCOLE ACTIVE / ÉDITIONS GAMMA
2244, RUE ROUEN, MONTRÉAL 133, P.Q.

SOMMAIRE

L'édition originale de cet ouvrage
a paru sous le titre : *Nature trails*
Copyright © illustrations 1975 by
Macdonald Educational Ltd, London

Adaptation française par Raymond Petit
Copyright © texte 1977 by
Les Éditions École Active, Montréal
Dépôt légal, Ottawa, 4e trimestre 1977
Dépôt légal, Bibliothèque Nationale,
Montréal, 4e trimestre 1977
Cette édition ne peut être vendue
qu'au Canada

ISBN 0-88517-293-0
ISBN 2-7130-0255-9
(édition originale : ISBN 0 356 05175 7)

Imprimé en Italie

LE DÉTECTIVE DE LA NATURE

A l'occasion d'une promenade à la campagne, ou lorsque vous faites un tour dans un parc ou dans votre jardin, pourquoi ne deviendriez-vous pas un détective qui surveillerait la nature? Il y a toujours des choses étonnantes qui se passent, et si on sait quels indices il faut observer et où il faut chercher, vous découvrirez rapidement que les plantes et les animaux vous offrent tout au long de l'année des sujets d'expériences passionnantes.

Mais le bon détective de la nature ne va s'en va pas à la découverte sans emporter certains objets. Une bonne loupe fera paraître les feuilles, les fleurs et les insectes beaucoup plus grands. Un mètre-ruban sera utile pour mesurer les traces de pas des animaux, la hauteur des plantes ou la circonférence des arbres. Quelques boîtes en carton, en matière plastique ou en métal, avec leurs couvercles, seront indispensables si vous avez l'intention de ramener des objets intéressants.

Il vous faudra également un crayon et un carnet, pour noter l'endroit que vous visiterez, ce que vous y observerez, ce que vous y entendrez et ce que vous y trouverez. Vous pourrez aussi noter l'heure d'une découverte, le genre de temps qu'il fait et la température, quels arbres et quelles autres plantes on trouve dans le secteur que vous avez choisi.

Une paire de jumelles sera aussi très utile, mais elles coûtent cher et elles sont fragiles. Si vous en prenez soin, on vous en prêtera une paire.

7

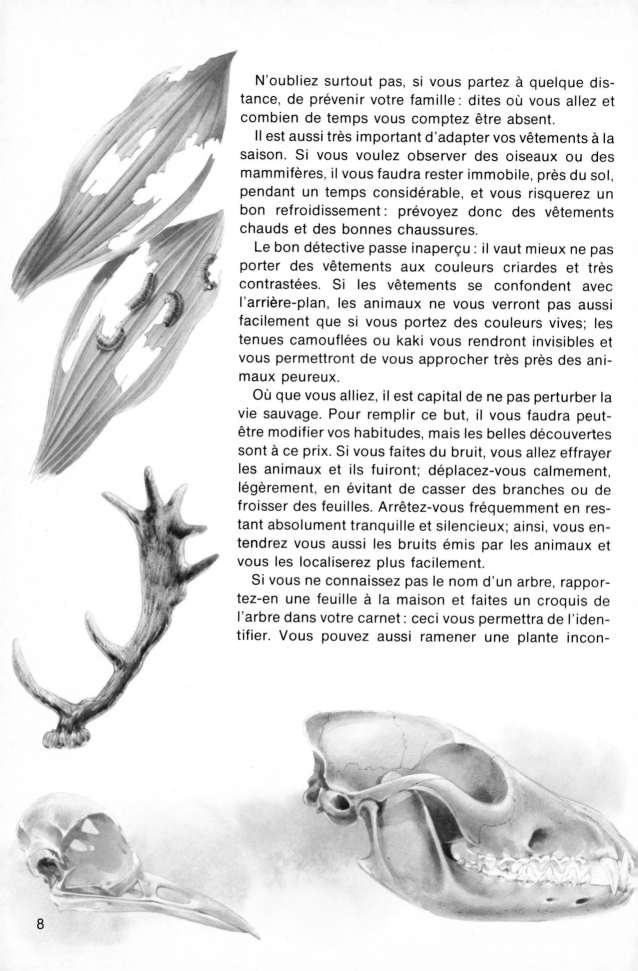

N'oubliez surtout pas, si vous partez à quelque distance, de prévenir votre famille : dites où vous allez et combien de temps vous comptez être absent.

Il est aussi très important d'adapter vos vêtements à la saison. Si vous voulez observer des oiseaux ou des mammifères, il vous faudra rester immobile, près du sol, pendant un temps considérable, et vous risquerez un bon refroidissement : prévoyez donc des vêtements chauds et des bonnes chaussures.

Le bon détective passe inaperçu : il vaut mieux ne pas porter des vêtements aux couleurs criardes et très contrastées. Si les vêtements se confondent avec l'arrière-plan, les animaux ne vous verront pas aussi facilement que si vous portez des couleurs vives; les tenues camouflées ou kaki vous rendront invisibles et vous permettront de vous approcher très près des animaux peureux.

Où que vous alliez, il est capital de ne pas perturber la vie sauvage. Pour remplir ce but, il vous faudra peut-être modifier vos habitudes, mais les belles découvertes sont à ce prix. Si vous faites du bruit, vous allez effrayer les animaux et ils fuiront; déplacez-vous calmement, légèrement, en évitant de casser des branches ou de froisser des feuilles. Arrêtez-vous fréquemment en restant absolument tranquille et silencieux; ainsi, vous entendrez vous aussi les bruits émis par les animaux et vous les localiserez plus facilement.

Si vous ne connaissez pas le nom d'un arbre, rapportez-en une feuille à la maison et faites un croquis de l'arbre dans votre carnet : ceci vous permettra de l'identifier. Vous pouvez aussi ramener une plante inconnue : prenez-la entière et glissez-la dans un journal. Mais ne faites ceci que si vous trouvez de nombreuses plantes semblables, vous risqueriez d'arracher le dernier représentant d'une espèce rarissime! En général, il n'est pas conseillé d'arracher une plante entière. En effet, si vous n'en prenez que la partie qui dépasse du sol, la racine pourra peut-être reconstituer la plante arrachée, et tout sera remis dans l'ordre.

Les feuilles des végétaux abritent souvent de nombreux insectes : vous aurez intérêt à les soulever délicatement, elles cachent un véritable monde vivant. Des trous dans le limbe des feuilles sont un indice certain de la présence de chenilles ou de vers.

On trouve assez facilement des restes d'animaux : cornes de cerf, crânes, ou autres parties du squelette d'un oiseau ou d'un mammifère.

Les mammifères et les oiseaux laissent des empreintes dans la neige ou dans la boue après une averse ou aux bords d'une rivière ou d'une mare. Il se pourrait qu'elles vous mènent au nid de l'animal. S'il est creusé dans la terre, vous trouverez près de son entrée des indices supplémentaires : des poils et des restes de ses repas, ainsi que des crottes. La grandeur et la forme du trou d'entrée vous aideront à préciser quel animal vit dans cette tanière.

Si vous retournez des pierres posées sur le sol, vous aurez des chances de trouver des nombreuses espèces d'insectes : les fourmis et les perce-oreilles s'y réfugient souvent, en compagnie de cloportes ou de vers de terre. Ayez soin de remettre la pierre en place dès que votre observation sera terminée.

9

PROMENADE
AU PRINTEMPS

Au printemps, après les pluies, les neiges et les basses températures hivernales, les plantes et les animaux deviennent plus actifs. Les jours s'allongent et les rayons du Soleil réchauffent graduellement la terre engourdie. L'hiver a marqué la saison de repos des plantes, mais dès les premiers jours du printemps, elles commencent à pousser rapidement.

Le bulbe de la jonquille, du narcisse ou de la tulipe s'éveille, tout comme le cormus du crocus. Un bulbe est formé d'écailles charnues, comme un oignon. On trouve au centre un bourgeon bien protégé, qui donnera la fleur. Le cormus, ou bulbe solide, est un peu différent : il porte un bourgeon floral à son sommet, et le reste est une masse solide, riche en amidon, qui nourrira la plante lorsqu'elle commencera à pousser.

Les crocus ou safrans sont très précoces; ils fleurissent très tôt. On en trouve de diverses couleurs : beaucoup sont jaunes, violets ou blancs, tantôt unicolores, tantôt panachés. On voit leur pousse verte qui sort du sol dès la fin de l'hiver, et au début du printemps, toutes les fleurs sont déjà fanées. Les crocus attirent les moineaux et d'autres petits oiseaux, qu'on voit souvent occupés à picorer les fleurs, surtout les jaunes.

Les oiseaux ne sont pas les seuls à s'intéresser à ces fleurs puisque, depuis longtemps, les hommes les plantent dans leurs jardins. Ces fleurs nous indiquent non seulement que le printemps est venu, mais nous en tirons aussi un colorant jaune utilisé en cuisine.

Les souris s'intéressent aussi aux bulbes solides du crocus, mais pour une tout autre raison : l'amidon qu'ils contiennent leur apporte une nourriture très appréciée. Ces petits rongeurs n'hésitent pas à les déterrer en grand nombre, et ils causent ainsi des dégâts considérables, puisque le cormus meurt rapidement.

Un autre signe certain de l'approche du printemps, est l'apparition des agneaux qu'on voit gambader en compagnie de leur mère. Les techniques modernes d'élevage du mouton permettent au fermier de décider lui-même à quel moment les brebis auront leurs agneaux. Les éleveurs peuvent prévoir leur naissance en janvier ou en février ou plus tôt, ou en mai au plus tard, mais la plupart des jeunes voient le jour en mars ou en avril.

La brebis a souvent des jumeaux, et ses agneaux vont téter son lait pendant six semaines environ. Le jeune mouton est très précoce : il tient sur ses pattes très rapidement, et on verra souvent des agneaux âgés de quelques jours jouant entre eux. Ils courent et sautent en agitant leur queue de façon comique et c'est un spectacle très amusant.

Il leur arrive de se perdre en jouant, et lorsqu'ils désirent retrouver leur mère, ils vont d'une brebis à l'autre en bêlant tristement. Lorsque la mère et ses agneaux se retrouvent, ils se reconnaissent par leurs bêlements et leurs odeurs. Tout agneau perdu se fera impitoyablement repousser par une autre brebis.

Au jardin, l'activité grandit en même temps que les fleurs du printemps s'épanouissent. Les jonquilles et les narcisses montrent leurs trompettes jaunes, les pâquerettes blanches et rouges mettent une ponctuation colorée dans le vert de l'herbe nouvelle. Les arbres fruitiers eux aussi sont un régal pour les yeux, comme le cerisier aux fleurs roses qu'on voit à droite.

Les oiseaux, comme les étourneaux et les moineaux, qui se sont déplacés en bandes durant l'hiver, volent maintenant par couples, parce que la saison de la reproduction arrive. Souvent, les couples de moineaux se forment après une âpre bataille entre les mâles qui courtisent une femelle.

Le merle mâle, sur notre illustration ci-contre, à gauche, dans le cerisier, chante très tôt le matin. C'est de cette manière qu'il indique aux autres merles mâles que cette région du jardin est son territoire, et que tout intrus sera chassé. On reconnaît facilement le merle mâle à son bec orange vif et au cercle orange dans son œil, ainsi qu'à son plumage noir. La femelle est brun foncé et sa poitrine est mouchetée. Les merles construisent souvent leur nid dans une haie, ou dans une remise du jardin peu fréquentée par les hommes.

La grive est un peu plus petite que le merle; son plumage est brun, avec une poitrine de couleur crème, tachée de brun. La grive musicienne utilise une pierre ou un caillou pour écraser les coquilles des escargots qu'elle mange. Même si vous ne voyez pas la grive en train de se livrer à cette opération, vous ne manquerez pas de trouver des nombreuses coquilles vides, réduites en petits éclats, tout autour d'une pierre qui lui a servi d'enclume.

De nombreuses personnes disposent des nichoirs dans les arbres, pour inciter les oiseaux à y faire leur nid, à y pondre et à y élever leurs jeunes. Le meilleur emplacement pour fixer un nichoir est un endroit ombragé, ou faisant face au Nord. De cette manière, les jeunes oiseaux ne seront pas surchauffés quand le Soleil brillera.

Sur notre illustration, une mésange bleue disparaît dans le nichoir. L'ouverture n'a que trois centimètres de diamètre; si elle était plus large, un moineau pourrait s'y introduire et il en chasserait la mésange.

Les hérissons sont également des hôtes fréquents des jardins : il vous arrivera, le soir ou la nuit, d'entendre un bruit de feuilles mortes qu'on remue avec précaution. C'est un hérisson qui passe, en quête d'insectes dont il fait une grande consommation après son engourdissement hivernal. Celui de notre illustration est accompagné de deux jeunes, dont les piquants sont déjà très durs, et les dents assez développées pour croquer les coriaces carapaces des insectes.

On peut faire une belle excursion au printemps, dans un bois où il y a des jacinthes en fleurs. Ces plantes poussent dans les bois d'arbres à feuilles caduques, qui ont perdu leurs feuilles en automne. La jacinthe a besoin de beaucoup de lumière pour pousser rapidement, c'est pourquoi elle fleurit avant que les feuilles des arbres ne repoussent en créant de l'ombre. On peut voir leurs fleurs en clochettes bleues devant la famille de hérissons.

Au printemps, les fleurs sont nombreuses dans les bois : la ficaire, portant des fleurs jaunes, affectionne les endroits humides et ombragés. Vous les voyez ici près des renards. L'ail des ours, encore appelé ail sauvage, porte des belles fleurs blanches qui répandent une odeur d'ail facilement identifiable.

Une tanière de renards peut se révéler à vos yeux si vous observez bien les indices. Elle est souvent située dans une cavité aménagée entre les racines d'un vieil arbre, ou encore dans une galerie de lapin que le renard aura élargi après avoir dévoré son propriétaire. On la repère immédiatement grâce aux détritus qui entourent son entrée : les vestiges de repas, des vieux os et des crottes la signalent à coup sûr. Avec de la patience, on pourra voir des renardeaux en train de jouer près de l'entrée de leur tanière, mais ils y rentreront au moindre signe de danger.

Vous pourrez aussi apercevoir, comme sur la page ci-contre, un merle qui transporte des brindilles pour construire son nid, ou encore un pic qui vient nourrir ses jeunes, logés dans un tronc d'arbre creux.

Chêne

Frêne

Saule

Orme

Hêtre

Marronnier

Si vous voulez épater vos amis, lors d'une promenade en forêt, rien de plus facile! Avec un peu d'attention, vous pourrez leur fournir le nom d'un arbre avant même qu'il ne porte ses feuilles. Il faut pour cela observer les bourgeons et les cicatrices abandonnées par les feuilles tombées à l'automne précédent. Nous vous montrons ci-contre quelques-uns de ses bourgeons, parmi les plus communs.

Le marronnier est un arbre splendide, pouvant atteindre 30 m de haut, aisément reconnaissable, parce que les bourgeons sont gluants. Cette colle empêche la plupart des insectes de pénétrer dans le bourgeon et de manger les feuilles qui poussent. Lorsque les feuilles s'épanouissent, leur face inférieure est couverte pendant quelques jours d'un léger duvet de petits poils très doux au toucher, qui ont pour effet d'empêcher que le feuillage ne perde trop d'eau pendant qu'il s'étend. Au mois de mai les marronniers sont merveilleux, parce qu'ils se couvrent de fleurs où le blanc se mêle au rose vif. Ces arbres sont rares en forêt, mais on les rencontre souvent le long de nos avenues.

Vous verrez des écureuils toute l'année. Au printemps cependant, on peut les voir avec leurs jeunes. Ces jeunes sont nés dans un nid couvert, une hotte, qui est souvent situé dans un trou d'arbre ou dans la fourche d'une branche. C'est une sorte de sphère construite avec des branchettes, auxquelles les parents ajoutent un peu de confort et de douceur en les garnissant de mousse, d'herbe séchée ou de touffes de poils. Regardez celui que nous vous montrons sur la page ci-contre, cela vous aidera à le reconnaître dans la nature.

Dans les bois, dans les buissons et dans les haies, on voit des branches portant des longues grappes pendantes jaunes ou brun clair, tranchant sur le brun foncé des branches. Ce sont les chatons mâles du noisetier. Ce sont en fait des groupes de très petites fleurs, qui portent en elles des millions de grains de pollen. Le pollen est l'ensemble des cellules reproductrices mâles, qui seront emportées par le vent. Quelques-uns de ces grains de pollen vont atteindre les fleurs femelles, qui sont rouges, et également très petites. Ainsi, chaque fleur femelle fécondée par un grain de pollen donnera naissance à une noisette, qui sera mûre en automne.

Lorsque les feuilles des arbres se déploient, elles servent de nourriture à de nombreux insectes qui apprécient vivement cet aliment très tendre. On trouvera sur certaines feuilles des traces blanchâtres, sinueuses, situées dans l'épaisseur même de la feuille. Ce sont des galeries dues aux larves de certaines mouches ou de certaines teignes, qui les creusent en mangeant le limbe foliaire.

Sur les chênes, on trouve souvent des sphères dures, verdâtres, semblables à des billes, aux endroits où doivent pousser les bourgeons. Ce sont des galles, dues à une réaction de l'arbre contre les œufs que certains insectes viennent y pondre. Vous trouverez des galles différentes sur la face inférieure des feuilles de chêne, mais on en découvre sur d'autres plantes également. Si vous trouvez une galle, coupez-la délicatement avec un canif, et vous y découvrirez au centre la larve de l'insecte qui s'y développe, bien abritée par l'épaisse paroi végétale qui l'entoure.

Chatons du noisetier

Fleur femelle

Fleurs mâles

Chenille mineuse

Galles du chêne

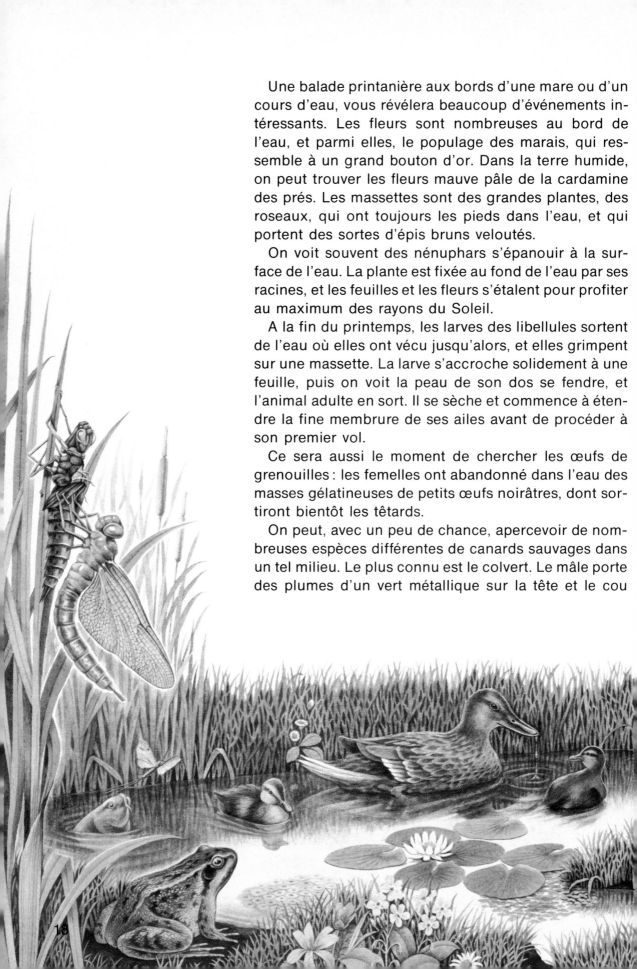

Une balade printanière aux bords d'une mare ou d'un cours d'eau, vous révélera beaucoup d'événements intéressants. Les fleurs sont nombreuses au bord de l'eau, et parmi elles, le populage des marais, qui ressemble à un grand bouton d'or. Dans la terre humide, on peut trouver les fleurs mauve pâle de la cardamine des prés. Les massettes sont des grandes plantes, des roseaux, qui ont toujours les pieds dans l'eau, et qui portent des sortes d'épis bruns veloutés.

On voit souvent des nénuphars s'épanouir à la surface de l'eau. La plante est fixée au fond de l'eau par ses racines, et les feuilles et les fleurs s'étalent pour profiter au maximum des rayons du Soleil.

A la fin du printemps, les larves des libellules sortent de l'eau où elles ont vécu jusqu'alors, et elles grimpent sur une massette. La larve s'accroche solidement à une feuille, puis on voit la peau de son dos se fendre, et l'animal adulte en sort. Il se sèche et commence à étendre la fine membrure de ses ailes avant de procéder à son premier vol.

Ce sera aussi le moment de chercher les œufs de grenouilles : les femelles ont abandonné dans l'eau des masses gélatineuses de petits œufs noirâtres, dont sortiront bientôt les têtards.

On peut, avec un peu de chance, apercevoir de nombreuses espèces différentes de canards sauvages dans un tel milieu. Le plus connu est le colvert. Le mâle porte des plumes d'un vert métallique sur la tête et le cou

— d'où son nom — suivies par une étroite bande blanche formant un collier, tandis que la femelle, que vous voyez ici avec ses canetons, ne possède que des plumes brunâtres mouchetées de roux, avec un miroir bleu, blanc et noir sur les ailes. Ces couleurs discrètes lui permettent de se camoufler dans son nid parmi les plantes environnantes, lorsqu'elle couve ses œufs. Les canetons prennent le chemin de l'eau dès leur éclosion, et ils suivent fidèlement leur mère à la recherche de leur nourriture.

Deux autres oiseaux se rencontrent près de l'eau : le martin-pêcheur et le cincle. Le cincle est l'oiseau brun à gorge blanche et à tête roussâtre, qu'on voit ci-dessous près de la petite cascade. Cet oiseau étrange peut être vu sautant dans l'eau et marchant sur le fond à la recherche de sa nourriture, en quête de larves d'insectes ou de vers.

Le martin-pêcheur sur la branche, vient de prendre un petit poisson qu'il va avaler tout entier. Les os du poisson, non digérés, seront rejetés par le bec. Le plus souvent, tout ce qu'on voit de cet oiseau est un éclair bleu, parce que son vol est très rapide, et qu'il disparaît en quelques secondes dans son nid, situé généralement dans une galerie anciennement occupée par un rat d'eau, dans la berge du ruisseau.

Essayez de découvrir les pelotes qu'il émet par son bec, mettez-les dans une boîte et montrez-les à un spécialiste en poissons; en les examinant, il pourra vous dire quels poissons vivent dans les eaux voisines.

Œufs de phrygane

Larve de phrygane

Étuis de
larves de
phryganes

Si vous avez emporté un filet, vous ramènerez de la mare ou de la rivière un tas de choses passionnantes à observer. A la surface de l'eau, on peut capturer des gerris, dits « araignées d'eau », ainsi que des gyrins.

Le gerris est un insecte à six pattes, il n'a rien à voir avec les araignées qui en ont huit. Il semble effleurer la surface de l'eau. Les extrémités de ses pattes reposent sur l'eau, et comme elles sont imperméables, elles ne s'y enfoncent pas. La première paire de pattes sert à capturer les proies, des mouchettes par exemple. La deuxième paire fait avancer l'insecte, tandis que la troisième contrôle la direction qu'il prend.

Les gyrins, ou tourniquets, tirent leur nom de leur mode de déplacement : ils décrivent des trajectoires courbes, en nageant au moyen de leurs pattes en forme de rames. Si on les inquiète, ils plongent rapidement sous la surface de l'eau.

Votre filet vous permettra de ramener de nombreux petits étuis très curieux, mesurant de quelques millimètres à quelques centimètres de long. Certains étuis sont formés de petites coquilles de divers mollusques, d'autres de petites pierres, d'autres encore de petits morceaux de bois ou de fragments de plantes. Ces étuis sont construits par les larves de diverses espèces de phryganes. La larve de cet insecte vit à l'intérieur, la tête et les pattes sortant à l'extrémité la plus large. Vous trouverez les œufs de cet insecte, protégés par une gelée, sur les feuilles des plantes poussant au bord de l'eau. L'insecte adulte ressemble à un papillon, parce que ses ailes sont couvertes de poils et d'écailles.

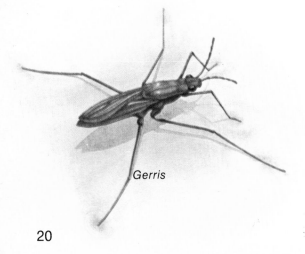

Gerris

Gyrins

Les têtards éclosent en avril ou en mai, selon le temps qu'il fait. Ils grandissent rapidement en quelques semaines. Vous ramènerez dans votre filet des têtards de grenouilles, de crapauds ou de tritons. Ces animaux peuvent vivre sur la terre ou dans l'eau, mais ils respirent surtout l'air atmosphérique, même s'ils vivent constamment dans l'eau. Qu'ils soient terrestres ou aquatiques, ils vont tous à l'eau pour se reproduire. Le mâle se distingue de la femelle par sa coloration plus vive. Cette dernière pond un nombre variable d'œufs, en rubans gélatineux qu'on retrouve enroulés autour des plantes aquatiques. C'est de ces œufs que sortiront les têtards, qui se métamorphoseront plus tard en grenouilles, en crapauds ou en tritons.

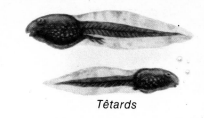

Têtards

Triton

Le notonecte nage la tête en bas, et il ressemble à un petit bateau, qui avancerait grâce aux rames formées par la troisième paire de pattes. Les ailes de cet insecte forment la coque du bateau.

Notonectes

Le dytique est un grand coléoptère mesurant environ trois centimètres de long. L'insecte adulte peut infliger des morsures douloureuses, méfiez-vous!

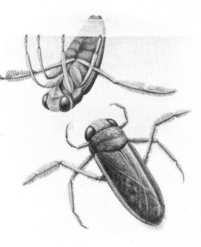

La larve de la libellule est un animal étrange. Sa lèvre inférieure, que les spécialistes appellent « masque », porte deux crochets à son extrémité. Elle peut projeter vivement son masque en direction de sa proie, un insecte, un têtard ou un petit poisson. Les crochets pénètrent dans la proie, le masque revient en arrière et la larve de la libellule commence aussitôt à la vider de sa substance nutritive. Aussi jolies que nous paraissent les libellules, il faut bien reconnaître que leurs larves sont terriblement voraces et destructrices.

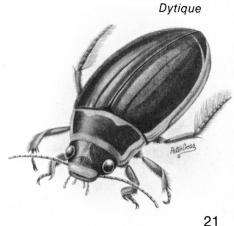

Dytique

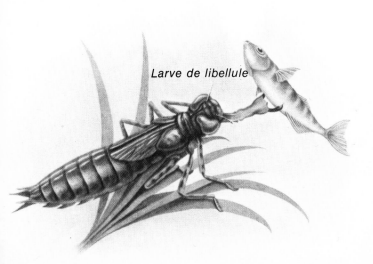

Larve de libellule

Une expédition le long des haies et des talus à l'orée d'une forêt, vous montrera de nombreuses plantes en croissance rapide au printemps. Certaines, telles l'aubépine et le noisetier sont déjà en fleurs. Dans les endroits humides, à l'ombre, on trouvera des petites violettes au parfum si doux. Des primevères se montrent aussi, avec leurs riantes fleurs jaune pâle. Vous y découvrirez également la véronique, portant des jolies petites fleurs bleues.

De nombreux oiseaux chantent et nichent dans les haies. Si vous y trouvez un nid, ne le détruisez pas, n'emportez pas les œufs et ne les touchez pas.

Vous aurez peut-être la chance de voir une couleuvre, un petit serpent inoffensif, qui prend le soleil. Il est couvert d'écailles formant un collier jaunâtre, suivi d'une tache plus foncée. Elle se repose en attendant de partir à la chasse aux grenouilles rousses.

Le campagnol vit aux dépens des plantes qui poussent dans ce biotope. La belette, à l'arrière-plan, mangera volontiers le campagnol, si elle arrive à l'attraper!

PROMENADE EN ÉTÉ

L'été arrive en juin, avec ses rayons de Soleil et sa chaleur, parfois aussi avec sa sécheresse. A la campagne, les fermiers s'activent à la fenaison. Beaucoup de fleurs sont épanouies.

Les oiseaux ne chantent plus aussi fort qu'au printemps, parce qu'ils sont maintenant très occupés à élever leur famille. Les mésanges bleues des forêts et des jardins sont dotées de familles nombreuses. La femelle dépose au mois de mai entre 8 et 15 œufs, qui éclosent au bout de deux semaines. Il faut cependant noter que, si la femelle couve un grand nombre d'œufs, il y aura un fort pourcentage de pertes — chutes du nid, coup de froid nocturne, manque de nourriture, maladies — qui réduira le nombre des poussins qui parviendront à l'état adulte.

Sur notre dessin, les poussins ont quitté leur nid, et ils vont bientôt accomplir leur premier vol. Leurs parents les nourrissent encore; ils leur apportent des pucerons, des chenilles et d'autres petits insectes tout au long de la journée. Il faut environ trois semaines pour que les plumes des jeunes mésanges atteignent une grandeur telle qu'elles leur permettent de voler.

Pucerons

Coccinelle

Chenille mineuse

Chenille de piéride
du chou

Escargot

En juin, le jardin présente une multitude de couleurs lorsque les fleurs de l'été s'épanouissent. Les roses, les lupins, les buddleias — les arbustes aux papillons — et les pensées offrent des fleurs splendides. Des mauvaises herbes, comme les pissenlits, le séneçons et les liserons que vous voyez ci-dessous, se mêlent aux plantes cultivées, et elles utilisent à leur profit le sol du jardin si on ne les retire pas.

Les insectes peuvent également causer des ennuis aux jardiniers. On voit souvent sur les rosiers ou sur les tiges des haricots des milliers de petits pucerons verts ou noirs. Ces petits insectes au corps mou se nourrissent aux dépens des plantes. Ils sucent leur sève et ils peuvent ainsi épuiser la plante à un tel point qu'elle en meurt. Les fourmis élèvent les pucerons, parce qu'ils sécrètent une sorte de miel dont les fourmis font leurs délices; mais les pucerons ont aussi leurs ennemis : la coccinelle s'en nourrit, de même que de nombreux oiseaux insectivores qui apprécient leur goût sucré.

Les feuilles des plantes du jardin subissent les attaques de nombreux animaux : nous vous montrons ci-contre les dégâts causés par les chenilles mineuses qui rongent la feuille par l'intérieur, comme on l'a vu page 17. Les chenilles des papillons, tels que la piéride du chou, sans oublier les limaces et les escargots, ravagent également les jardins.

Il y a déjà des papillons qui volent dans les jardins. Ils sont sortis de chrysalides qui ont passé l'hiver et le printemps attachées à une plante. Vous verrez souvent des paons de jour, des petites tortues et des piérides du chou en train du butiner les fleurs. Les abeilles sont actives : elles récoltent le nectar et le pollen. Le nectar est un liquide sucré qu'on trouve dans une glande située à la base des pétales de fleurs ; vous pourrez le goûter de la manière suivante : arrachez quelques petites fleurs de trèfle blanc, et écrasez du bout des incisives la base de leurs corolles, vous apprécierez immédiatement sur votre langue le goût légèrement sucré qui s'en dégage. Les abeilles sont très avides de nectar, qu'elles avalent. Dans leur tube digestif, ce liquide subit une transformation chimique qui donnera naissance au miel dont elles nourriront la ruche.

En juillet, les dahlias sont en pleine floraison. On y découvre de nombreux perce-oreilles qui s'en nourrissent. Ces insectes ont passé la mauvaise saison à l'abri, dans des fissures entre les briques de nos maisons, ou sous des tas de vieilles feuilles tombées à l'automne précédent. On leur a donné le nom de perce-oreilles parce qu'on croyait naguère qu'ils pouvaient pénétrer dans nos oreilles et crever le tympan.

Perce-oreille

Petite tortue

Bourdon

Paon de jour

Églantier

Ronce

Chèvrefeuille

Dans les terrains boisés, les feuilles des arbres sont maintenant pleinement étalées. Le feuillage épais protège le sol contre l'ardeur des rayons du Soleil. On trouvera donc sous ces arbres des plantes qui peuvent se contenter de peu de lumière. La digitale pourprée, dite aussi « gant de Notre-Dame », se montrera dans les taillis qu'on vient d'éclaircir sur les terrains riches en silice. La ronce se couvre de fleurs, qui se transformeront en mûres à l'automne. Les fougères développent également leurs organes reproducteurs, sur la face inférieure des feuilles.

Ici, dans les haies en lisière d'un bois, l'églantier, le chèvrefeuille et le gouet sont en fleurs. Le gouet est une plante intéressante : elle apparaît en avril, et on la reconnaît à son étrange trompette verte et pourpre. A l'intérieur se trouve une tige charnue portant les fleurs mâles et les fleurs femelles. Cette plante dégage une odeur qui évoque celle du purin : cet arôme attire les mouches qui, en marchant sur les fleurs, pollinisent la plante. En été, les fleurs femelles se seront transformées en petites baies écarlates, dont les merles sont fort friands. Ne touchez pas cette plante, elle contient un poison puissant. Le gouet est également appelé « pied-de-veau » ou « arum maculé ». On cultive une variété blanche, très appréciée comme fleur ornementale.

Gouet

Digitale pourprée

Fougère

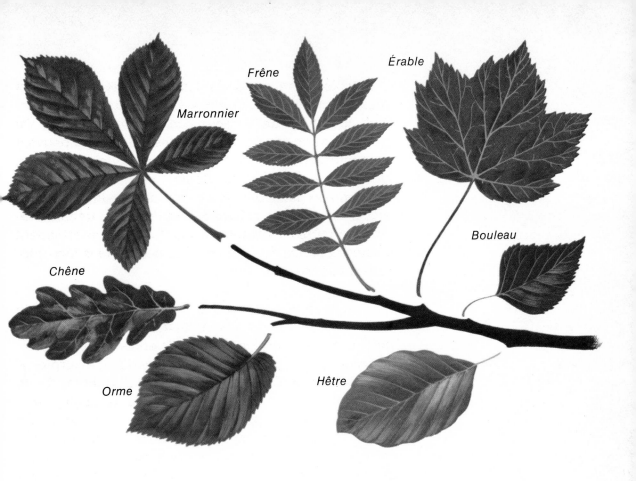

Frêne

Érable

Marronnier

Bouleau

Chêne

Orme

Hêtre

Les divers arbres que vous aviez reconnus grâce à leurs bourgeons peuvent maintenant être identifiés par leurs feuilles. Le marronnier est aisément reconnaissable à ses larges feuilles étalées en éventail à partir d'une attache centrale, à l'extrémité du pétiole.

Les feuilles du frêne sont colorées en un vert moyen mat. Chaque feuille est formée de neuf folioles ovales, dont les bords sont garnis de petites dents.

L'érable est un parent du sycomore, ses feuilles portent cinq lobes terminés en pointe.

Les feuilles du bouleau ressemblent à des pointes de flèches, elles sont portées par des branches longues et fines.

Les hêtres poussent souvent sur des terrains crayeux; leurs feuilles sont en été colorées en vert foncé; elles ont une forme ovale.

L'orme a également des feuilles ovales, mais dont l'extrémité porte une pointe, et dont les bords sont finement dentelés.

La feuille du chêne est facilement reconnaissable à ses lobes sinueux, et aux galles très nombreuses qui les couvrent.

Vous pourriez aussi apprendre à reconnaître les arbres à distance, par leur silhouette; les dessins des pages 56 et 57 vous aideront à préciser vos idées.

Si vous observez bien le sol, dans une forêt, vous trouverez certainement des objets poilus, ressemblant vaguement à une souris, et d'une longueur comprise entre 4 et 7 centimètres. Ces objets sont des pelotes qui proviennent de l'estomac de certains hiboux, et qu'ils rejettent par le bec, comme le fait le martin-pêcheur. La pelote est formée par ce que le hibou ne peut pas digérer. Nous vous en montrons une ci-dessous, provenant du hibou moyen-duc que vous voyez ci-contre.

Dans cette pelote, vous découvrirez des poils, des plumes et des os provenant des petits mammifères et des petits oiseaux dont le hibou fait son ordinaire. Ces fragments d'os indiquent aux biologistes ce que le hibou mange d'habitude, puisqu'une étude patiente permet de découvrir à quel animal appartenait tel fragment osseux. Nous vous montrons ci-dessous quelques-uns de ces os, et les animaux dont ils proviennent.

On trouvera souvent plusieurs pelotes au même endroit. Ceci est l'indice que l'arbre au pied duquel vous vous trouvez, contient un nid de hibou, ou encore que cet oiseau a choisi une branche particulière de cet arbre pour y dévorer ses proies. C'est probablement tout ce que vous verrez du hibou, parce que cet oiseau mène une vie nocturne et qu'il dort pendant la journée, dans un trou d'arbre creux.

Un spécialiste pourra peut-être vous aider à trouver à qui appartenaient les os, les poils et les plumes que vous découvrirez dans les pelotes. Vous verrez ainsi quelle patience il faut pour déterminer avec exactitude les propriétaires de ces fragments d'os.

Mais vous aurez certainement la chance de voir ou d'entendre d'autres oiseaux que l'invisible hibou. On entend souvent l'appel du ramier, qui est le plus grand pigeon sauvage d'Europe, puisqu'il peut atteindre 45 centimètres de long. Son roucoulement caractéristique comporte 5 notes séparées par de brefs intervalles de durée variable : cou-cou, cou-cou, cou. Ils sont très nombreux dans certains bois et, lorsque les hêtres perdent leurs faines, ils peuvent couvrir le sol d'un véritable tapis volant.

Le bouvreuil est également remarquable. Ci-contre, au premier plan, vous voyez le mâle, plus vivement coloré que la femelle au second plan. On le trouve dans les bois et dans les haies, mais il envahit progressivement les parcs publics et les jardins des villes. Il mange volontiers les bourgeons, spécialement ceux du cerisier. Certaines années, il peut causer de grands dégâts dans les vergers, parce qu'il déchire les bourgeons des arbres fruitiers au moyen de son bec conique, ce qui lui a valu la réputation d'animal nuisible.

Le grimpereau, ci-dessous à gauche, a reçu un nom qui décrit exactement son mode de vie. Il passe son temps à grimper sur les écorces des arbres, à la recherche des insectes ou de leurs larves, qu'il affectionne. Son bec long et fin lui permet d'extraire le plus petit insecte de la moindre fissure dans l'écorce.

Ci-dessous à droite, le troglodyte, un des plus petits oiseaux d'Europe, puisqu'il mesure une dizaine de centimètres de long. Son chant est puissant pour un animal d'une si petite taille; on reconnaît aisément cet oiseau à la manière dont il dresse constamment sa queue.

Quoi de plus agréable qu'une balade, surtout sur les rives d'un ruisseau rafraîchissant? Vous aurez peut-être l'occasion d'apercevoir le héron cendré en train de pêcher. Celui de notre illustration s'apprête à avaler un petit poisson. Cet oiseau se tient généralement sur une patte, dans l'eau, la tête rentrée entre les épaules; brusquement, il déplie son long cou en avant, en saisissant un poisson ou un petit rat d'eau dans son long bec. Notre héron cendré pourrait aussi ramener son poisson au nid, situé dans une héronnière, une colonie de ces oiseaux qui bâtissent leurs nids dans des grands chênes, ou dans des ormes, ou encore dans les roseaux.

Il vous faudra une patience et une prudence extrême pour vous en approcher, parce qu'il est très farouche. Son envol est remarquable: la tête en arrière, le cou replié, les pattes dans le prolongement du corps. Vous verrez des hérons émigrer en bandes, disposés en lignes courbes ou en V.

Dans la rivière, on trouvera une multitude de plantes et d'animaux. Un coup de filet ramènera certainement des petits poissons, très abondants dans les ruisseaux herbus, les vairons. Notre illustration montre également un chabot près des pierres, et une perche, aux nageoires dorsales garnies de grandes épines dressées. A gauche, un rat d'eau nage vers l'entrée sous-marine de sa galerie. Cette galerie est entièrement située au-dessus du niveau de l'eau, à l'exception de l'entrée, ce qui la rend très difficile à trouver.

Après avoir nagé, le rat d'eau se reposera souvent sur la rive pour se laver ou pour se nourrir. Si un endroit de la berge montre de nombreuses plantes coupées, c'est l'indice qu'un rongeur s'y est arrêté pour manger.

Il peut s'agir d'un rat d'eau ou d'un campagnol, comme celui qu'on voit ci-dessous très occupé à ronger une plante riche de sève.

Vous trouverez de nombreuses plantes en fleurs aux bords de cette rivière. Les renoncules, ou boutons d'or, sont peut-être les plus abondantes. Le gaillet des marais, avec ses petites fleurs blanches, vit de préférence sur les terrains humides : c'est donc dans un biotope tel que celui-ci que vous aurez le maximum de chances de le rencontrer. La potentille anserine porte des fleurs jaunes, mais elle est surtout remarquable par l'aspect argenté de ses feuilles finement dentelées : cet effet particulier est dû à une multitude de petits poils soyeux. On cultive certaines variétés de cette plante, pour leur effet décoratif, dans de nombreux jardins.

L'abondance de l'eau fait que toutes ces plantes poussent les unes contre les autres dans ce biotope.

En été, on peut voir de nombreux papillons volant de fleur en fleur dans les prés et dans les champs. Le myrtil est très commun, il sort souvent des bois, et vous le trouverez dans les herbes. Il se laisse parfois emporter par le vent, ce qui favorise sa dispersion.

L'argus bleu à bandes brunes peut être découvert dans les champs et dans les vallées de toute l'Europe. L'argus bleu nacré est un splendide papillon : le mâle possède des ailes aux merveilleux reflets argentés, tandis que la femelle, comme chez de nombreux papillons, est de couleur brunâtre. On ne découvre ce papillon que dans les régions calcaires couvertes d'herbes, parmi lesquelles on trouve les plantes qui nourrissent sa chenille. Parmi celles-ci, il apprécie tout particulièrement la vesce fer-à-cheval.

Scab

Myrtil

Argus
à bandes br

Argus bleu nacré

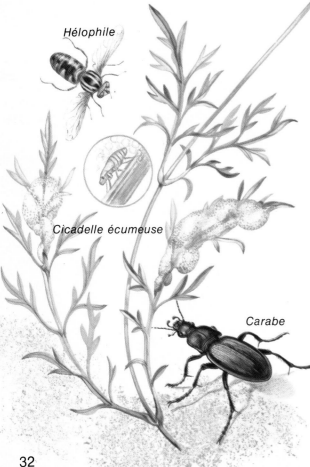

Hélophile

Cicadelle écumeuse

Carabe

Il y a beaucoup d'autres animaux à découvrir dans les prairies. Les hélophiles vous effrayeront peut-être, avec leur corps strié de jaune et de noir, comme celui des guêpes. Mais n'en ayez aucune crainte, ils ne piquent pas, et leur abdomen ne possède pas la « taille de guêpe » caractéristique des insectes auxquels ils ressemblent. Ce mimétisme, cette ressemblance avec une autre espèce dangereuse, fait que les oiseaux évitent de le chasser.

Vous verrez d'autres mouches inoffensives, les syrphes, qui ressemblent beaucoup à celle de notre dessin. Mais les mouches ne sont pas les seules à imiter les abeilles et les guêpes : les sésies sont des papillons qu'on peut également confondre avec ces insectes dangereux.

Il arrive qu'on trouve sur certaines plantes des amas d'écume blanche, comme celui que vous voyez sur la scabieuse à la page 32. Cet amas d'écume, qu'on appelle aussi « crachat de coucou », contient la larve d'un insecte, la cicadelle écumeuse. L'écume remplit ici un double rôle : elle cache la larve aux yeux de ses prédateurs, et elle la protège efficacement contre la sécheresse qui la tuerait.

On trouvera certainement, en retournant des pierres, des splendides carabes au corps noir violacé. Ils se hâtent sur le sol entre les herbes.

Le lapin ci-dessous est entouré de plantes qui poussent de préférence sur les terrains calcaires. Dans ces régions, la terre est peu épaisse, et le sol est donc généralement sec et chaud. Presque toutes ces fleurs attirent les abeilles, ainsi que les papillons de jour et de nuit. Mais il est évident qu'elles conviennent aussi parfaitement aux lapins, qui apprécient la variété des goûts qu'elles présentent. Vous n'éprouverez aucune difficulté à observer ces plantes, mais si vous voulez voir les lapins, il faudra vous armer de patience et d'une gourde bien pleine, parce qu'il peut faire très chaud en été sur ce genre de terrain.

A la fin de l'été, il est très agréable de se promener dans les landes et les bruyères. Lorsque la bruyère est en fleurs, le paysage ressemble à un tapis pourpre. De place en place, des fleurs d'ajoncs offrent des taches d'un jaune d'or très vif. On trouve fréquemment dans la bruyère des petites touffes, au ras du sol, portant des baies d'un noir bleuté : ce sont des myrtilles. Ces fruits sont comestibles, on en fait de la confiture et des tartes. Ils intéressent aussi de nombreux oiseaux, avides de leur jus sucré.

Au passage, vous aurez peut-être l'occasion de rencontrer un lézard des murailles qui prend le soleil sur une pierre, en attendant d'aller à la chasse aux insectes et aux araignées. Si vous l'effrayez, il disparaîtra dans un abri à la vitesse de l'éclair. L'orvet, qu'on voit ci-dessous au premier plan, est une espèce de lézard qui a perdu ses pattes

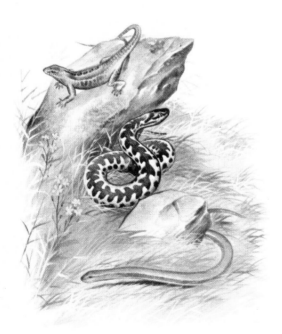

au cours de l'évolution : ce n'est pas un serpent, il est inoffensif. Il affectionne les endroits plutôt humides, mais il aime aussi se chauffer au Soleil. Son régime habituel comprend des limaces et des escargots, ainsi que des petits insectes.

Le serpent, entre le lézard et l'orvet, est une vipère, un serpent venimeux. On la reconnaît aux lignes noires sinueuses qu'elle porte sur le dos. Elle ne vous mordra pas si vous restez à bonne distance. Mais si par malheur vous étiez mordu, faites sucer la plaie et rendez-vous immédiatement auprès d'un médecin, qui vous fera un traitement efficace, grâce à un sérum spécialement préparé à cet effet.

Les oiseaux sont nombreux dans les landes, les bruyères et les montagnes. Le plus souvent, tout ce qu'on en voit est leur silhouette en vol, c'est pourquoi nous vous la montrons à côté de chaque dessin.

Le premier dessin représente une buse, qui se rencontre fréquemment décrivant des grands cercles au-dessus de la lande. Elle ressemble à un petit aigle, avec ses ailes aux extrémités évasées. En vol, elle recherche des petits animaux, tels des lapereaux, des oiseaux et des lézards.

Voici ensuite l'alouette, dont on entend souvent le chant lorsqu'elle survole la lande à haute altitude. Son chant dure parfois plusieurs minutes, sans une seconde d'arrêt, jusqu'à ce que l'oiseau soit hors de vue. Son nid est fait d'herbes, il est posé sur le sol.

Ci-dessous à gauche, voici le vanneau, dont les ailes émettent un clapotis caractéristique durant le vol. Il vit surtout dans les régions marécageuses, souvent près de la mer, mais il ne dédaigne pas les environs des fermes. C'est d'ailleurs un ami des agriculteurs, parce qu'il mange beaucoup d'insectes qui dévastent nos récoltes.

Enfin, nous vous montrons la mouette rieuse, qui vit fréquemment en compagnie des vanneaux. Alors que ce dernier trottine à petits pas pressés pour trouver un insecte ou un ver, la mouette s'abat du haut des airs sur sa proie. Si un vanneau a trouvé une proie, la mouette le pourchassera jusqu'à ce qu'il la laisse échapper. Le bec de la mouette rieuse, crochu et très robuste, laisse peu de chance au vanneau, surtout si la mouette doit élever et nourrir ses jeunes poussins, qui sont dotés d'un appétit énorme.

Il est très agréable de se balader sur une plage par un beau jour d'été, à la limite de l'eau, sur une côte rocheuse ou sablonneuse. Les sables ne portent que peu de plantes, sauf dans les dunes. Les dunes sont des petites montagnes de sable que le vent tend à emporter vers l'intérieur des terres. Pour les fixer, on y a planté des oyats, ces plantes vertes à longues feuilles raides, dont le réseau de racines immobilise le sable. Le panicaut marin, grisâtre, ressemble à un chardon à cause de ses feuilles piquantes.

Vous trouverez également le pavot maritime, une sorte de coquelicot jaune aisément reconnaissable. Sur les falaises battues par le vent, l'œillet marin, encore appelé gazon d'Olympe, s'accroche solidement dans les fissures du rocher où il trouve un peu de terre. Ses fleurs roses sont très jolies; on les plante souvent dans les jardins de rocailles.

Allez voir à la limite des hautes eaux, vous y verrez pas mal de choses intéressantes. A part les détritus abandonnés, les algues séchées et noirâtres, et les coquillages, vous découvrirez les trois objets encadrés ci-dessous dans un cercle blanc. A gauche, cet objet brunâtre à quatre pointes est la coquille d'un œuf de petite roussette, une sorte de petit requin. Le poisson se développe et grandit à l'intérieur de cet étui, qu'il déchire en naissant. Les quatre pointes sont les vestiges de filaments assez longs, qui attachaient l'œuf à une algue marine. Celui-ci a probablement été arraché par une tempête.

La grappe blanche est ce qui reste d'une ponte de buccin, une sorte d'escargot marin. La plaque blanchâtre est un os de seiche, c'est la coquille interne de ce mollusque.

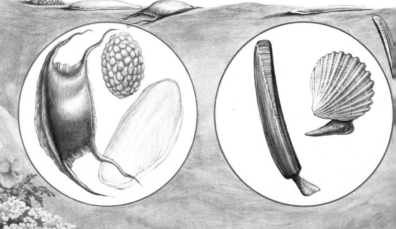

Si vous creusez le sable, vous trouverez beaucoup d'animaux. Deux mollusques communs sont figurés dans le deuxième cercle blanc : le couteau et la grande coque. Ces mollusques, protégés par une coquille à deux valves, s'enfoncent dans le sable grâce à leur pied très musclé.

Lorsque la mer se retire, à marée basse, on voit apparaître une multitude de petits trous, situés à côté de petits monticules de sable ou de boue. Ce sont les indices qu'il y a là des arénicoles, des vers dont les couleurs varient du rouge foncé au jaune-brun, et qui ressemblent un peu aux vers de terre. Vous en voyez un dans notre troisième cercle blanc. Il vit au fond d'un tube en U, dont l'entrée est le petit trou, la sortie étant le petit monticule de sable.

Différentes espèces de crabes se cachent dans le sable, pour échapper aux mouettes et aux poissons. On peut les saisir par les côtés de leur dure carapace, par le dessus, entre le pouce et l'index : de cette manière, ils n'arriveront pas à vous pincer. La néréide, dans le quatrième cercle blanc, autour du crabe, est un ver marin couvert de poils, qui nage en utilisant des appendices en forme de palettes. Elle mange souvent une algue verte, la laitue de mer, que vous voyez ci-dessous fixée à une pierre.

Il vous arrivera certainement de déranger l'un ou l'autre poisson plat, sole ou plie, qui s'était recouvert de sable pour se camoufler.

Ici, le filet à crevettes qu'on vend sur nos plages pourra vous être utile. Mais il le sera davantage si vous remplacez le filet original par un tissu à mailles plus serrées — un vieux rideau fera l'affaire — qui capturera les animaux plus petits que les crevettes.

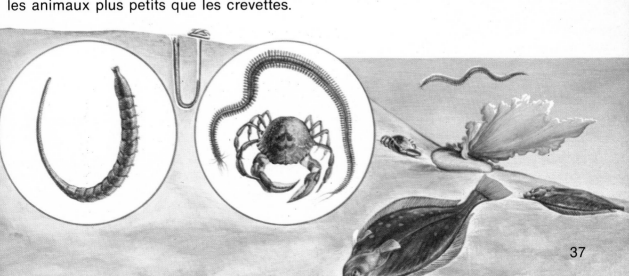

Sur un rivage rocheux, vous trouverez une vie abondante entre les limites des hautes et des basses eaux. Deux fois par jour, ces êtres vivants sont recouverts et découverts par la mer. Au centre de notre dessin, des algues, qui sont très communes dans cette zone. Elles portent des poches remplies d'azote qui les font flotter lorsque l'eau revient.

Sur les rochers, on trouve facilement des patelles. Ces mollusques à la coquille conique grimpent sur les pierres à la recherche des petites algues qu'ils broutent. Un large pied très musclé fait office de ventouse et il vous faudra un canif pour les détacher du rocher. Diverses espèces de bigorneaux peuvent également être observées sur les algues. Les petites balanes sont très communes : elles ressemblent à des minuscules volcans blancs. Ce ne sont pas des mollusques, mais bien des parents des crevettes. Elles vivent dans des coquilles faites de plusieurs plaques de calcaire, qui les protègent efficacement. On les trouve sur les rochers et sur les moules.

Lorsqu'elle est hors de l'eau, l'anémone de mer ressemble à une masse de gelée rouge. Dans une cuvette rocheuse, elle s'épanouit et on voit ses tentacules qui entourent la bouche centrale. Vous trouverez également dans ces cuvettes des étoiles de mer, des crabes, des crevettes, ainsi que des poissons comme les blennies et les gobies. Tous ces animaux sont piégés dans leur cuvette lorsque la mer se retire.

On peut observer des oiseaux sur la plage. Les mouettes sont les plus nombreuses. L'huîtrier pie, noir et blanc, est un oiseau intéressant : il explore les rochers et les sables, à la recherche de mollusques qui, comme la moule, se croient protégés par leur coquille. Mais le long bec de l'huîtrier pie lui permet d'ouvrir les coquilles et de saisir l'animal qui se trouve à l'intérieur.

Vous ne manquerez pas de trouver de très nombreuses moules, fixées aux rochers par des filaments soyeux très solides, le byssus.

Cependant, ne vous laissez pas tenter par ces moules, elles sont peut-être dangereuses à manger. En effet, ces mollusques servent souvent de refuge à des très petits animaux, qui se fixent sur leurs branchies respiratoires, et qui libèrent des produits toxiques pour l'homme. Par ailleurs, les dangereuses bactéries contenues dans les eaux de nos égouts qu'on déverse dans la mer, et qui sont filtrées par les moules, font qu'il vaut mieux de pas déguster de moules sauvages, sous peine de risquer une grave intoxication.

Pourquoi ne pas faire une collection de coquillages, si vous passez vos vacances aux bords de la mer? On en trouve sur les rivages sableux ou rocheux. Les coquilles protègent les mollusques, tels les buccins, les coques, les moules et tous ceux dont nous vous montrons les dessins sur cette page. Ces animaux ont reçu à juste titre le nom de mollusques, puisque leur corps est mou.

Généralement, les coquillages qu'on trouve sur la plage sont vides : l'animal qui l'a fabriqué est mort, et la coquille vide a été apportée par les courants marins. Les mollusques ont une coquille formée d'une ou de deux pièces, les deux valves. Si vous décidez de faire une collection de coquillages, ne vous contentez pas d'une seule pièce s'il s'agit d'un animal qui vit dans une coquille à deux valves.

Les bigorneaux, les buccins, les patelles et les troques ont une coquille formée d'une seule pièce, tandis que le couteau, les coques et bien d'autres sont des bivalves, ils ont donc une coquille formée de deux valves, une gauche et une droite.

Protégez-les en les disposant dans des boîtes où vous aurez mis un peu d'ouate, pour éviter qu'ils ne se brisent pendant votre récolte sur la plage.

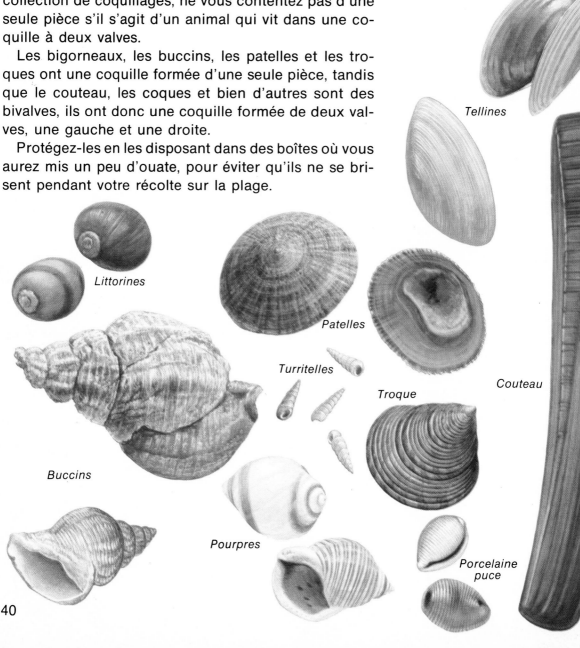

Grande coque

Tellines

Littorines

Patelles

Turritelles

Troque

Couteau

Buccins

Pourpres

Porcelaine puce

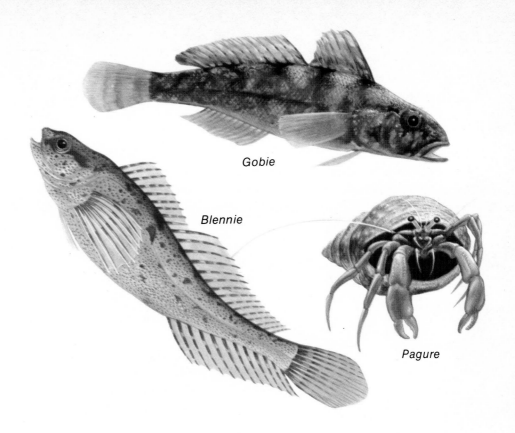

Gobie

Blennie

Pagure

Vous trouverez quelques poissons dans les cuvettes rocheuses, abandonnés par la mer lorsqu'elle se retire à marée basse. Les gobies sont souvent cachés parmi les algues et les rochers, auxquels ils se fixent par une ventouse ventrale. Les blennies sont également très communes dans les eaux littorales.

Le pagure, ou bernard-l'ermite, ou l'hermite, est un animal proche du crabe, mais qui vit dans une coquille abandonnée par un mollusque, souvent un buccin. Son abdomen est mou et contourné, il peut l'introduire à reculons dans la spirale de la coquille et seules ses pattes et ses pinces dures en dépassent.

A mesure qu'il grandit, il se trouve à l'étroit dans sa coquille. Lorsqu'il est encore petit, le pagure habite dans des coquilles de bigorneaux, de troques ou de pourpres adaptées à sa taille. Si vous retournez ces coquilles, vous aurez certaines chances d'y trouver un bernard-l'ermite.

Lorsqu'il a besoin d'une coquille plus grande, il cherche parmi les coquilles vides celle qui lui convient, il quitte rapidement son ancien abri et il introduit son abdomen dans sa nouvelle demeure. On trouve souvent le pagure en compagnie d'un ver et d'une anémone de mer. Ces animaux changent de coquille en même temps que le bernard-l'ermite, ils forment une véritable association. On a même vu des pagures saisir délicatement «leur» anémone de mer entre leurs pinces et l'installer au-dessus de l'entrée de leur nouvel habitacle!

PROMENADE EN AUTOMNE

L'automne est la saison pendant laquelle les animaux et les plantes commencent à se préparer aux rudes mois de l'hiver qui approche. Beaucoup d'oiseaux échappent au temps froid et au manque de nourriture par leurs migrations. Ils se rassemblent en groupes nombreux avant de prendre les airs en direction des pays plus chauds de l'Afrique ou de l'Asie.

Les hirondelles sont facilement observables à la fin de l'été et au début de l'automne, lorsqu'elles se rassemblent par milliers sur les fils électriques ou dans les arbres. Elles vont gagner l'Afrique, et elles passeront l'hiver au sud du Sahara. Au printemps suivant, elles reviendront vers l'Europe, et chaque hirondelle regagnera le nid qu'elle avait quitté l'année précédente.

Il y a d'autres oiseaux qui ont pris l'habitude de migrer vers les pays chauds : les martinets, les coucous, les fauvettes et les gobe-mouches nous quittent en hiver, mais ils reviendront au printemps suivant.

L'automne est le meilleur moment pour observer les champignons au cours d'une promenade, qu'il faut faire par temps humide, donc il faudra chausser de bonnes bottes imperméables et vous couvrir chaudement.

Ce que nous appelons « champignon », n'est en réalité que la partie reproductrice du champignon proprement dit, qui forme un vaste réseau de filaments blanchâtres qui poussent dans les feuilles ou le bois en décomposition.

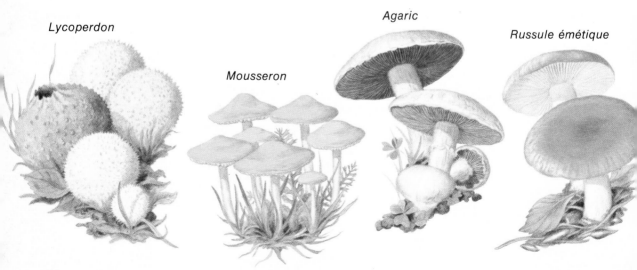

Lycoperdon

Mousseron

Agaric

Russule émétique

Il y en a des centaines d'espèces différentes et beaucoup sont vénéneuses. La meilleure chose à faire est de se contenter de les regarder et de ne pas y toucher, à moins d'être accompagné par une personne qui soit un expert en la matière.

Nous vous en montrons quelques-uns au bas de la page voisine. En grattant la couche superficielle du sol, vous découvrirez aisément le réseau de filaments qui a produit les parties aériennes du champignon.

La vesse-de-loup, ou lycoperdon, pousse dans les terrains boisés et passe du blanc au brun à mesure qu'elle vieillit. Lorsqu'il est mûr, ce champignon presque sphérique laisse échapper une très fine poudre noire par un trou qui se forme au sommet : ce sont les spores qui lui permettent de se reproduire.

Vous trouverez le mousseron dans les jardins et dans les champs. Le champignon de couche, l'agaric, est cultivé dans des cavités creusées dans des roches crayeuses, où il se développe rapidement. On le récolte régulièrement et on le vend dans les magasins. Il peut se préparer de nombreuses manières différentes et les gastronomes les apprécient à toutes les sauces.

Pour terminer, nous voudrions vous mettre en garde contre deux champignons très dangereux. La russule émétique peut rendre très malade la personne qui en mangerait. Quant à l'amanite tue-mouche et à l'amanite phalloïde, ce sont des champignons très vénéneux, souvent mortels, qui poussent dans les bois à la fin de l'été et en automne.

Amanite tue-mouches

Amanite phalloïde

Un bois offre en automne un tableau vivement coloré. Les verts soutenus du printemps et de l'été disparaissent, parce que les feuilles de presque toutes les plantes et des arbres commencent à mourir. Les feuilles tournent au rouge, à l'orange ou au brun. Les arbres perdent leurs feuilles en automne pour économiser l'eau pendant les mois froids de l'hiver, pendant lesquels l'eau est gelée et inutilisable.

De nombreux animaux font un festin des fruits de l'automne, des baies et des champignons. Sur notre dessin, un muscardin, sur la branche à gauche, s'apprête à manger une noisette. Les mûres, sur la ronce, sont maintenant noires et gonflées de jus sucré : un pinson et un papillon, un robert-le-diable, ont été attirés vers elles. L'oiseau mange les mûres, tandis que le papillon en suce le jus. Laissez-vous tenter, vous aussi, par ces délicieuses mûres, mais faites attention aux épines des ronces !

44

Les écureuils gris sont très occupés à rassembler des noix et des baies, qu'ils enterrent pour se constituer des réserves pour l'hiver. Le malheur, c'est que les écureuils oublient souvent où ils ont accumulé leurs réserves! Un mulot, à gauche ci-dessous, ronge un champignon.

Sous terre, un blaireau dort. On le voit très rarement durant la journée, mais il sort la nuit pour se livrer à la chasse aux insectes et aux vers, ou pour rechercher les racines, les baies ou les fruits qui l'intéressent. Au centre, au second plan, une belette, depuis un tronc d'arbre creux, observe le mulot qu'elle convoite.

Dans le chêne, une chouette est malmenée par des mésanges bleues. A l'arrière-plan, à gauche, on voit trois magnifiques daims. C'est le mâle qui porte les andouillers terminés par des élargissements, les empaumures. Vous aurez peut-être l'occasion d'en trouver lors de votre passage dans une grande forêt.

45

Sapin argenté

Les conifères, toujours verts, ne changent donc pas de couleur en automne. Ils peuvent survivre aux dures attaques de l'hiver, parce qu'ils ont des feuilles en forme d'aiguilles, recouvertes d'un épiderme épais et cireux : elles ne perdent donc pas beaucoup d'eau et ces arbres peuvent subsister lorsque le sol est gelé.

L'automne est la meilleure saison pour partir à la récolte des pommes de pin et des cônes de conifères en général. Ils diffèrent d'une espèce à l'autre, ce qui permet d'identifier l'arbre dont ils proviennent. Nous vous montrons les plus fréquents sur ces deux pages. Chaque cône est formé de nombreuses écailles qui protègent les semences attachées à la base de chacune d'elles.

Les cônes du sapin argenté ressemblent à des chandelles, parce qu'ils sont toujours dressés sur une branche. L'épicéa est bien connu de tout le monde, parce que c'est lui qui joue le rôle d'arbre de Noël. Il porte des longs cônes bruns avec des écailles lisses, et ils sont toujours pendants vers le bas.

Le sapin de Douglas a des cônes en forme d'œuf, dirigés également vers le sol. Chacune de ses écailles est prolongée par trois fines pointes.

Les cônes du mélèze d'Europe ont des écailles très serrées, qui s'écartent lentement. Cet arbre se distingue des autres conifères parce qu'il perd ses aiguilles en automne et qu'il en reforme d'autres au printemps.

Quant au cèdre, il met deux ou trois ans à produire son cône brun en forme de tonneau, d'une dizaine de centimètres de longueur.

Épicéa

Sapin de Douglas

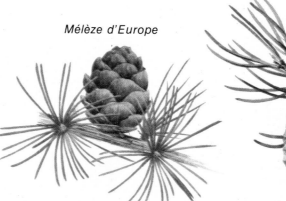

Mélèze d'Europe

Pin sauvage

Certains animaux sont très friands des graines qui se trouvent dans les cônes. Le bec-croisé est un oiseau qui se nourrit principalement des graines de pins et de mélèzes. Le mâle a le corps rouge, tandis que celui de la femelle est d'un gris-jaune olivâtre; les ailes et la queue sont brunes. Leur bec a ceci de spécial que ses deux extrémités sont, comme le dit le nom de l'oiseau, croisées. Cette disposition lui permet de saisir les graines entre les écailles. Vous voyez ci-contre des cônes qui ont été visités par un bec-croisé. Remarquez que les écailles sont intactes, seules les graines manquent.

L'écureuil roux est également un grand amateur de graines de pin. Cet animal est assez farouche, et difficile à distinguer entre les aiguilles touffues des conifères. Dans les parcs des villes, ils sont un peu plus familiers, et ils se laissent approcher si on leur offre quelque friandise. Mais si, en forêt, vous ne le voyez pas, vous trouverez certainement des vestiges de ses repas au bas d'un arbre où il a rongé ses cônes. Il n'en reste pratiquement que l'axe central, parce qu'il ronge les écailles en même temps que les graines.

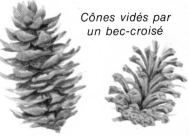

Cônes vidés par un bec-croisé

Épicéa   Pin

N'oubliez pas de rapporter chez vous quelques cônes. Vous pourrez en faire un jolie décoration pour les fêtes de la fin de l'année, ou bien, si vous disposez d'un feu ouvert, vous pourrez les faire brûler, et vous sentirez ainsi la bonne odeur que dégage la résine qui imprègne tout l'arbre. Ou encore, mettez quelques cônes dans un endroit chaud et sec, vous les verrez s'ouvrir, tandis que ceux que vous aurez laissés dans un lieu humide resteront obstinément fermés.

Cèdre

Cône d'épicéa rongé par un écureuil

Il arrive assez souvent qu'on rencontre des faisans lors d'une promenade automnale dans un sentier campagnard. On aperçoit l'oiseau se pavanant dans un champ ou le long d'un chemin. Si on l'effraye, il fuit en courant sur le sol, ou bien il s'élève rapidement en faisant beaucoup de bruit dans l'air. Le mâle est splendide : sa tête est vivement colorée, le corps est cuivré, et sa longue queue fournit des plumes très prisées. La femelle est entièrement brune.

On pourra voir un faucon crécerelle survolant un talus ou la rive d'un cours d'eau, à moins que, comme celui de notre illustration, il ne se repose sur un poteau, en gardant l'œil sur le campagnol qu'il a l'intention de dévorer. Le campagnol n'a pas vu le faucon, il est trop occupé à ronger un fruit de rosier sauvage.

Le chardonneret, à l'extrême droite, mange les graines d'une bardane. Cet oiseau tire son nom du chardon, dont il consomme également les graines. Ci-dessous à droite, un pissenlit voit ses graines plumeuses dispersées par le vent. Chaque graine possède des fins prolongements plumeux qui en font une sorte de parachute. Elle flotte dans l'air jusqu'à ce qu'elle touche le sol à quelque distance de son point de départ.

Sur les talus en lisière des forêts et dans les haies, on voit de nombreuses plantes portant des graines et des fruits. Bien souvent, la haie apparaîtra couverte de touffes de filaments ressemblant à de la laine finement divisée : c'est la clématite des haies. Cette plante est une liane, elle grimpe sur les arbres et sur les buissons de la haie. En automne, ses petites graines portent des poils très finement divisés que les vents emporteront au loin.

Une autre plante qu'on rencontre fréquemment est la douce-amère. Ses petites baies ovales passent du vert au rouge en mûrissant. Il ne faut pas toucher cette plante, parce que ses baies sont vénéneuses : elles peuvent rendre très malades ceux qui les absorberaient. Les baies noires de la mortelle belladone sont également riches en poison et on ne devra les cueillir sous aucun prétexte.

Il y a donc de nombreuses plantes sauvages qui sont toxiques et dangereuses, il faudra vous en méfier. Les propriétés de ces plantes sont connues depuis longtemps, et on les utilise parfois pour guérir certaines maladies. Il peut sembler étrange qu'un poison puisse guérir, mais tout dépend des doses absorbées, donc d'un contrôle étroit de la part d'un médecin. Ainsi, la belladone, très vénéneuse, fournit l'atropine, un médicament qu'on utilise dans certaines maladies cardiaques et pour dilater la pupille avant un examen de l'œil.

Toutes les plantes qui ont fleuri au printemps ou en été ont produit des graines ou des fruits. Si elles donnent des fruits, comme les baies, on trouvera les graines à l'intérieur. Il peut y avoir une ou plusieurs graines, dont chacune doit donner naissance à une nouvelle plante.

Certains fruits sont remplis de jus, ou encore ils sont vivement colorés. Tous ceux des plantes dessinés à droite deviennent rouge vif : cette couleur attire fortement les oiseaux.

Les animaux mangent souvent la partie charnue et juteuse du fruit, mais la graine, protégée par une enveloppe dure, leur résiste. La graine — le noyau ou la pierre — est souvent abandonnée par l'animal à quelque distance de la plante qui l'a formée. Là où elle sera

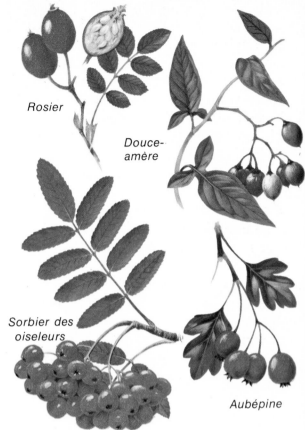

Rosier

Douce-amère

Sorbier des oiseleurs

Aubépine

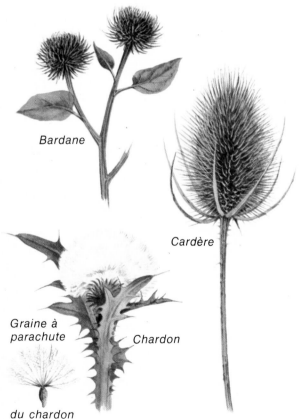

Bardane

Cardère

Graine à parachute

Chardon

du chardon

tombée, elle aura des chances de donner naissance à une nouvelle plante.

Il arrive qu'un oiseau avale la graine avec le reste du fruit : la graine sortira plus tard avec les excréments, qui lui fourniront un engrais naturel à l'endroit où elle tombera. Notez bien que certains fruits, communément mangés par les oiseaux, sont toxiques pour nous.

Les semences de la bardane sont munies de crochets qui s'attachent aux poils de certains mammifères. C'est de cette manière qu'elles seront emportées vers un nouvel endroit où elles pourront pousser. Le chardon à foulon, également appelé cardère, possède aussi des semences à crochets, tandis que celles du chardon possèdent des poils qui forment un parachute.

En octobre, les grosses graines brunes du marronnier sont arrivées à maturité. Elles sont protégées par une capsule verte munie de piquants. La graine et la capsule forment le fruit. Toute graine qui tombe sur un sol humide poussera au printemps suivant.

Les fruits du chêne sont les glands. Le fruit est posé dans une petite coupe, et il contient une seule graine.

Les faines sont renfermées dans des capsules pourvues de petites pointes assez molles. En automne, les capsules s'ouvrent et les faines triangulaires tombent sur le sol, où les mulots, les pigeons ramiers et les pinsons les mangent avec avidité.

Les fruits de certains arbres ont des ailettes qui leur permettent d'être em-

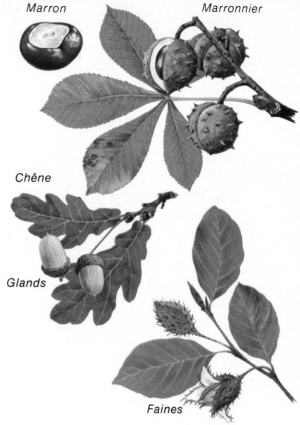

Marron   Marronnier

Chêne

Glands

Faines

Samares du frêne

Samares de l'érable   Samares de l'orme

portées par le vent vers des endroits où elles pourront pousser au printemps : on les appelle alors des samares. Les samares du frêne ressemblent, lorsqu'elles sont groupées, à des trousseaux de clés.

Les samares de l'érable sont groupés par paire, chaque graine comporte une ailette. La samare de l'orme est très jolie : la graine est située au centre d'une mince ailette ovale.

On voit ainsi que les végétaux bénéficient pour assurer leur reproduction et leur dissémination, d'aides diverses : le vent, les oiseaux et les mammifères s'en chargent avec efficacité. L'eau remplit également ce rôle, et il y a des plantes dont les fruits éclatent comme des bombes, en expédiant les semences à plusieurs mètres.

PROMENADE EN HIVER

Tout au long de l'hiver, les campagnes et les jardins paraissent dépouillés. La plupart des plantes ont perdu les parties qui dépassent du sol, et le reste attend que la chaleur du printemps revienne. De nombreux arbres ont perdu leurs feuilles, et leurs branches nues se découpent sur le ciel gris. Certains arbres, comme les conifères couverts d'aiguilles, ainsi que les plantes à feuilles coriaces, telles le houx et le buis, gardent cependant leurs feuilles.

Ci-contre, vous voyez les feuilles et les fruits du houx : la couleur verte des premières et le rouge des seconds réconforte en hiver, c'est pourquoi on les utilise volontiers pour décorer les maisons lors des fêtes de fin d'année. Les fruits sont des baies qui offrent une nourriture à de nombreux oiseaux durant les longs mois d'hiver, lorsque les autres aliments sont rares.

Si le temps devient très froid, les mares et les lacs gèlent. Parfois la glace n'est pas très épaisse, et il vaut mieux ne pas s'y aventurer parce que l'eau, sous elle, peut être très profonde et qu'elle est de toute manière très froide.

Dans de telles conditions atmosphériques, les oiseaux gonflent leurs plumes pour éloigner l'air froid extérieur de la chaleur de leur corps, et pour empêcher cette chaleur de s'échapper inutilement vers l'air froid environnant. Souvent, les oiseaux cachent leur tête entre leurs ailes pour la conserver au chaud.

Lorsque l'eau d'une mare est gelée, vous assisterez certainement à des scènes amusantes. Les oiseaux marchent souvent sur la glace et il leur arrive de glisser malencontreusement. Sur notre dessin, une poule d'eau s'aventure sur la glace avec prudence. Des vols de canards sauvages vont certainement essayer de se poser sur l'eau du lac, et ils vont découvrir au dernier moment que l'eau est gelée. Vous les verrez alors glisser et trébucher en agitant désespérément leurs ailes à grand bruit.

S'il y a un trou dans la glace, les oiseaux le découvrent rapidement : ils y vont boire, comme le ramier de notre dessin. Au centre de notre illustration, un buisson ont la vive couleur rouge se repère immédiatement sur le blanc de la neige : c'est le cornouiller.

Vous trouverez aussi des ajoncs portant encore quelques fleurs jaunes. La plupart de ces fleurs éclosent au printemps, mais on peut en trouver toute l'année durant. Un ancien dicton populaire affirme que, « s'il n'y a pas de fleurs sur les ajoncs, le baiser est hors de saison », autrement dit, jamais!

Le fait que la surface de l'eau soit gelée n'implique pas que toute vie a cessé sous la glace. Il reste toujours un mince matelas d'air sous la glace, qui assure aux êtres aquatiques une survie ralentie en leur apportant le peu d'oxygène dont ils ont besoin par ces basses températures. La preuve que la vie n'est pas arrêtée apparaîtra au printemps : on verra alors que tous les animaux et toutes les plantes aquatiques ont survécu.

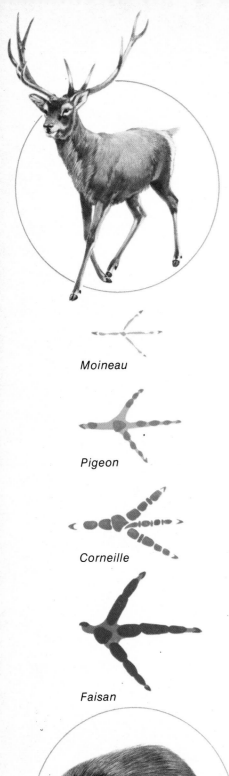

Moineau

Pigeon

Corneille

Faisan

Les traces de pas des animaux sont visibles toute l'année. Mais en hiver, il y a plus souvent des sols boueux, mous, ou de la neige. C'est donc à ce moment-là que les traces sont bien visibles, et qu'on pourra s'en servir pour identifier leurs auteurs.

Dans les grands parcs et dans les forêts, les cerfs laissent les traces de leurs sabots antérieurs, les plus développés. Vous les voyez ci-dessus.

Le blaireau est un plantigrade, c'est-à-dire qu'il marche comme nous, sur la plante du pied et sur les doigts. Il laisse des empreintes très nettes des griffes et des pelotes de ses cinq doigts, ainsi que celle de la plante du pied. Ses empreintes sont régulièrement espacées lorsqu'il se déplace dans un bois. Si vous avez repéré l'emplacement d'une tanière de blaireau lors d'une précédente excursion, vous y trouverez facilement ses traces en hiver. Nous vous les montrons ci-dessous.

Si vous trouvez de belles empreintes dans la terre, nous vous suggérons d'en prendre des moulages. Rien de plus facile : enlevez les feuilles qui entourent la trace, posez un cercle de carton de 3 cm de hauteur tout autour, coulez-y du plâtre, attendez qu'il prenne, soulevez le tout et... admirez votre travail!

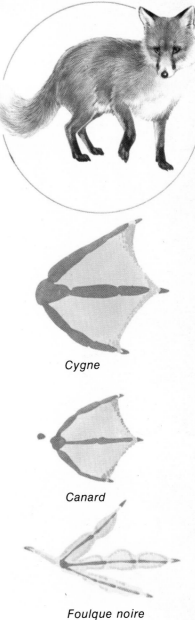

Le renard laisse des empreintes fort semblables à celles d'un chien, mais chez le renard, les deux doigts centraux pointent vers l'intérieur. Il marche sur ses doigts, c'est un digitigrade, et comme ses griffes ne sont pas rétractiles, la trace montre toujours les empreintes de ses griffes; celles des pattes arrière sont beaucoup moins nettes, et parfois invisibles.

Le lapin laisse deux sortes d'empreintes différentes. Les pattes antérieures laissent des petites traces courtes, tandis que les postérieures laissent des empreintes plus longues.

On trouvera de nombreuses traces d'oiseaux, dont nous vous montrons ici les plus fréquentes. L'empreinte est généralement très nette, parce que, s'il sautille, tout son poids porte brusquement sur les deux pattes; s'il marche, tout son poids porte sur la patte posée à terre.

La patte de l'oiseau comporte au maximum quatre doigts, dont trois sont dirigés vers l'avant et un vers l'arrière. Avec beaucoup de soins et de patience, on peut également réussir de très belles empreintes en plâtre, et vous pourrez ainsi acquérir à peu de frais une collection d'empreintes qui fera envie à vos amis.

Cygne

Canard

Foulque noire

On voit de nombreux arbres différents dans les villes et à la campagne. En hiver, les arbres à feuilles caduques, qui ont perdu leur feuillage en automne montrent bien la silhouette et vous pourrez apprendre à identifier un arbre à distance. La silhouette d'un arbre est pratiquement identique pour tous les arbres d'une même espèce. Voyez ci-contre le chêne : son tronc se divise près du sol en de nombreuses branches puissantes, plus ou moins tordues.

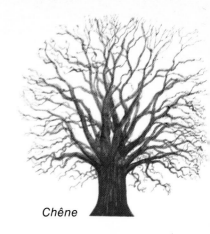

Chêne

Frêne

Le frêne est couvert d'une écorce d'un brun grisâtre, et il porte sur ses branchettes des bourgeons noirs. Les jeunes frênes ont une écorce molle qui se ride à mesure que l'arbre devient plus robuste et plus âgé. L'érable est fréquent dans certaines forêts. Des érables de plus de 30 m ne sont pas rares, et un vieil érable peut avoir un tronc mesurant plus de 6 m de circonférence. Les branches de cet arbre s'étalent comme celles du chêne, mais elles sont en général plus droites; l'écorce est d'un gris terne.

Le chêne, dont le bois est dur et serré, convient parfaitement aux ébénistes, qui en font des meubles robustes; le frêne atteint parfois 35 m de hauteur, son bois est blanc, dur et élastique; c'est pourquoi nous en faisons des manches d'outils, des tonneaux et des montants d'échelles; l'érable, dont le bois léger, blanc mais facilement colorable, se vend surtout aux ébénistes; le peuplier fournit un bois léger et tendre dont on fait du contre-plaqué, des caisses, du papier et des allumettes.

Érable

Peupliers

Le peuplier est un arbre aisément reconnaissable. C'est un grand arbre, parent du saule, dont toutes les branches surgissent directement du tronc et pointent vers le haut. Ce sont des arbres solides qui poussent rapidement. On les plante souvent en lignes le long des champs, et ils protègent ainsi les récoltes contre le vent.

Chacun de ces arbres est très important, économiquement parlant. C'est non seulement leur beauté qui nous plaît, c'est aussi leur usage.

L'orme est un bel arbre, mais il se fait plus rare depuis quelques années, à cause d'un champignon qui l'attaque. En isolant les ormes les uns des autres, on empêche la propagation du champignon parasite. Cet arbre a une frondaison en forme de dôme, lui-même formé par des grands groupes de branches secondaires. Son bois, dur et élastique, résiste bien à l'eau, et on l'utilise partout où l'humidité est élevée.

Orme

Hêtre

Le hêtre isolé dans un parc ou dans un champ peut étaler ses branches. Mais s'il a des voisins dans un bois, son tronc sera plus élancé, et ses branches s'étaleront plus haut. Notre dessin vous montre un hêtre isolé. L'écorce, pas très dure, est d'un gris-brun terne. Cet arbre fournit un tronc qu'on peut dérouler en minces feuilles, qu'on peut coller sur un bois ordinaire : on obtient ainsi du contreplaqué très apprécié en ébénisterie, ou bien on le découpe pour en faire des ustensiles de cuisine et des jouets.

L'écorce de l'aulne est d'un brun-gris très foncé, presque noir. Elle se fissure en petits cubes lorsque l'arbre vieillit. Le plus souvent, il apparaît comme un buisson, mais il peut atteindre une hauteur de 27 m. Il pousse de préférence près des lacs et des rivières. Ses racines sont remarquables : on y trouve des épaississements, les nodosités, qui contiennent des bactéries qui fixent directement l'azote de l'air. Son bois est employé en ébénisterie et il sert également à faire des pilotis de ponts et d'embarcadères.

Aulnes

Saule pleureur

Le saule pleureur est probablement l'arbre qu'on associe le plus souvent à un lac ou à une rivière, mais on peut le trouver dans d'autres biotopes. Ses branches tombent vers le sol ou vers l'eau. Il a été introduit en Europe au XVIIIe s., depuis son pays natal, la Chine. Cet arbre est souvent décoratif, mais peu utile : nous en tirons l'osier pour faire des objets en vannerie.

Au jardin, le sol gèle et durcit si le temps se refroidit, ou bien il devient lourd à cause des chutes de pluie, et chacun aspire au renouveau. Un des premiers signes de l'approche du printemps est la floraison des perce-neige, que vous voyez ci-dessous à gauche. Elles peuvent fleurir dès la Noël, mais plus généralement entre janvier et mars.

De nombreux oiseaux visitent nos jardins toute l'année. Nous pouvons leur offrir de l'eau propre et fraîche durant les mois d'hiver. Si l'eau gèle, cassez la glace, et donnez-leur souvent un peu d'eau dans un récipient peu profond.

Vous verrez alors certains oiseaux venir y prendre leur bain, si le récipient est assez grand pour eux. Sur notre dessin, deux étourneaux boivent avidement; leurs mouvements sont toujours très saccadés, ils sont toujours pressés semble-t-il. L'étourneau n'est jamais seul en hiver, il s'associe avec ses semblables en vols pouvant grouper plusieurs milliers d'individus. On le reconnaît facilement à son plumage métallique et moucheté de petites taches rousses ou, blanches sur un fond noir à reflets violets, bleus et verts.

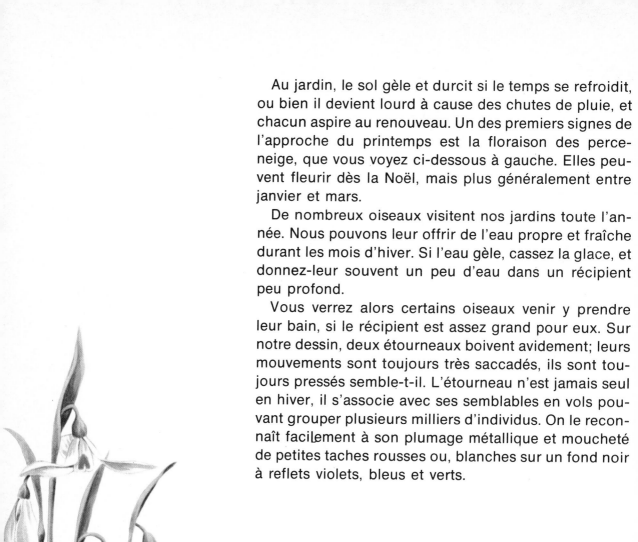

Les oiseaux éprouvent souvent des difficultés à trouver des aliments pendant l'hiver, aussi vous pourriez mettre un peu de nourriture dehors, à leur intention. La plupart des oiseaux mangent volontiers des restes de nos repas, comme des miettes, des pommes de terre cuites ou des gâteaux rassis.

Dans la mangeoire sur notre dessin, des moineaux picorent des miettes : le mâle est reconnaissable à son plastron noir sur la gorge, qui fait défaut chez la femelle. A côté d'eux, un merle mâle. Sur le toit de la mangeoire, un rouge-gorge.

La mésange bleue et la mésange charbonnière ne s'intéressent pas aux miettes de pain. Il leur faut des matières grasses. On peut suspendre à une ficelle une noix de coco garnie de beurre ou de margarine, ou encore un bout de lard ou des cacahuètes. Vous verrez alors les mésanges s'accrocher à la ficelle ou à la nourriture, qu'elles picorent avec ardeur, bien souvent la tête en bas, en surveillant attentivement les autres oiseaux.

PROJETS

Presque tout le contenu de ce livre concerne des sujets de recherches dont on peut faire des projets. Les plantes et les animaux qui vivent dans les différents biotopes décrits dans ce livre ont été découverts tout simplement, en ouvrant les yeux.

On trouve facilement certains êtres vivants. Les plantes ne bougent pas et elles sont très aisément observables, tandis que les animaux se déplacent, ils sont donc plus difficilement surpris.

Il est très intéressant d'étudier un habitat particulier et de voir comment il change au cours des saisons. Si vous faites cela, il vaut mieux choisir un endroit de terrain couvert d'arbres ou de buissons, ou les deux ensemble, vous pourrez mieux vous y dissimuler. Si vous pouvez vous rendre dans un lieu comportant des pierres ou des vieilles ruines, vous y trouverez plus d'animaux que dans un terrain nu, qui n'offre pas d'abris aux animaux.

Il vous faudra un carnet de notes et un crayon. Si vous avez une loupe et des jumelles, cela vous aidera à observer des petites plantes et des petits animaux, ou des animaux qui se trouvent à grande distance de vous, ou qui sont très farouches.

D'abord, il faut décrire la portion de terrain, c'est-à-dire le biotope choisi. Le sol est-il riche, noir, calcaire léger ou est-ce un lourd terrain argileux? Le type de sol influencera les plantes qui y poussent, c'est pourquoi il est important de noter à quel genre de sol on a affaire. Le terrain est-il protégé du vent, ou est-ce un endroit venteux? Y a-t-il des ruines ou des pierres? Est-ce que le Soleil l'illumine toute la journée, ou bien est-il ombragé par une construction ou par un arbre durant la journée? Y a-t-il un cours d'eau ou une mare à proximité? Le sol est-il sec ou humide? Tous ces facteurs provoquent des différences dans la flore et dans la faune qui vit dans ce biotope.

Une fois que vous aurez décrit le terrain, il vous faudra trouver quelles plantes l'habitent. Ce livre n'est pas assez détaillé pour vous permettre de les nommer toutes. Il existe des livres qui permettent d'identifier avec exactitude les plantes : les flores; et d'autres pour déterminer les animaux : les faunes. Si vous cherchez dans la section « histoire naturelle » de votre librairie habituelle, vous y trouverez beaucoup de livres qui pourront vous aider.

Une fois que vous aurez identifié les plantes, vous pourrez dresser une liste des végétaux qui habitent votre biotope. Ensuite, déterminez quels animaux y vivent en permanence et quels animaux viennent s'y nourrir. Les petits animaux, comme les insectes et les chenilles, vous apparaîtront en cherchant les plantes. Les animaux plus grands exigent plus de patience. Il vous suffira de rester tranquille et silencieux, et d'observer les animaux qui passent. Notez-les dans votre carnet. Certains oiseaux peuvent nicher dans les arbres ou dans les buissons, notez-les. Certains animaux peuvent manger certaines plantes particulières : notez quel animal mange quelle plante.

Si vous faites ceci sur le même terrain plusieurs fois au cours de l'année, vous verrez quand les plantes fleurissent; quelles plantes sont visitées par les abeilles et à quel moment; quels oiseaux restent toute l'année et quels sont ceux qui s'en vont lorsque l'hiver approche, et beaucoup d'autres choses intéressantes à propos du biotope que vous étudiez.

INDEX